Vorwort

Bestimmt kann sich jeder von uns an Sprüche seiner Schulzeit erinnern, die damals der Auslöser für die herrlichsten Lachattacken waren. Mal waren es die Dialoge zwischen den Lehrern und Schülern im Klassenzimmer, die für Belustigung sorgten, mal waren es Unterhaltungen auf dem Pausenhof oder zwischen den Unterrichtsstunden.

In diesem Buch habe ich die lustigsten Anekdoten für all die zusammengetragen, die gerade schlicht und einfach nicht dabei waren! Für alle Lehrer, Schüler und Ehemaligen. Diese kleine Sammlung soll zeigen, dass Missverständnisse nicht immer nur Frust und Ärger erzeugen können, sondern auch oft ein Grund sind, um herzhaft zu lachen. Denn gerade dann sind sie ganz einfach und wie von selbst wieder aus dem Weg geräumt.

Die gesammelten Stilblüten sollen ein Anlass zur Freude sein und darüber hinaus auch zeigen, dass viele von uns schon einmal etwas Unüberlegtes gesagt haben, ob nun zu Schulzeiten oder in einem anderen Zusammenhang. Gelassenheit und Humor sind hier die Stichworte, mit denen auch so manch ein verpatzter Dialog wieder eine ganz andere Sichtweise bekommt.

Viel Spaß beim Stöbern!

Was benötigt man, um in freier Natur die Uhrzeit zu bestimmen?

Ein Handy oder eine Uhr.

Ich würde wirklich alles tun, um die Klasse zu bestehen!

Wie wär's mal mit Lernen?

13. Klasse, Mathematikunterricht.
Ein Mädchen ruft begeistert:

Das gibt's ja nicht – ich hab ein Pi auf meinem Rechner!!!

Dieses Jahr führt die Theatergruppe zum Ende des Schuljahres den Sommernachtstraum auf!

Oh nein!! Es hieß doch immer, wir müssen hier keine Pornos spielen!

Schüler zum neuen Klassenlehrer:

Ach, Sie sind der Herr Brandt. Sind Sie dann auch der, von dem alle sagen, er sei ungerecht und stinkt?

So, Leute, jetzt hier mal ganz easy und gechillt, wer kann mir sagen, wer der coole Typ war, der Amerika entdeckt hat?

Warum sprechen Sie denn so mit uns? Man könnte ja meinen, Sie hätten echt ein Problem?!

Ein Schüler zum anderen:

Hey – bock, heute Abend was zu machen?

Ja klar! Vieles! Aber nicht mit Dir!

Du bist schon wieder zu spät!

Ja, Entschuldigung – ich weiß! Aber mein Bett hat sehr diffuse und schwerwiegende Trennungsängste! Das konnte ich einfach nicht verantworten!

Schüler zur Lehrerin:

Frau Blume, ich glaube, Sie müssten mal zum Arzt! Sie stellen mir ein und dieselbe Frage, und das jeden Tag aufs Neue!

Welche bahnbrechenden Erfindungen gab es vor 50 Jahren noch nicht?

Mich!

Wenn du das Sonett von Shakespeare liest,
welche Frage stellt sich dir als Erstes?

Ich frage mich, ob Shakespeare
ein Mann war.

Du hast dich nicht gerade zum Schlafen auf
die Papierbögen für unseren Zeichenunterricht
gelegt? Die kosten einen Euro pro Blatt!

Schüler wirft einen 10-€-Schein auf
den Boden vor den Lehrer:

Passt so.

Ein Mädchen fragt auf dem Schulhof ein anderes:

Wie buchstabiert man „willentlich"?

Meine Güte, bist du doof
– mit h natürlich!

Eine Schülerin zur anderen:

Wie geht das noch mal mit den Wünschen ans Universum?

Du musst es dir wünschen und vorstellen, dann klappt's.

Okay – ich muss mir also wünschen, dass Caesar von Shakespeare getötet wurde, sonst könnte es sein, dass wir im nächsten Schuljahr nicht nebeneinandersitzen …

Womit seid ihr während eines Schultages am meisten beschäftigt?

Darauf zu warten, dass er vorbei ist.

Anna, wie kann man es schaffen, in einem Diktat von zwei Seiten 52 Fehler zu machen? Das kann doch gar nicht sein!

Ich glaube auch! Sie haben sich bestimmt geirrt!

In deiner Aufgabe zur Berechnung des Umfangs ist einfach alles falsch!

Das kommt nur daher, dass Sie so nach Fehlern suchen!

Du hast schon wieder keine Hausaufgaben gemacht! Das gibt jetzt aber eine Strafaufgabe!

Wie kann man denn für etwas bestraft werden, das man nicht gemacht hat?

Wozu dient dem Elefanten der Rüssel?

Zum Duschen und Posen.

Nenne ein Beispiel für eine Sage.

Die Wahrsage!

Aus einer Schulaufgabe:
Wie lauten die Steigerungen des Wortes »leer«?

Leer, leerer, Lehrer!

Warum existiert auf dem Mond kein Leben?

Weil es ganz schön eng für alle wird, wenn Halbmond ist.

Ich gehe grundsätzlich gern zur Schule, nur der Aufenthalt dort macht mir gar keinen Spaß.

Was passiert im christlichen Glauben demjenigen, der eines der 10 Gebote bricht?

Er muss ins Glashaus und bekommt keine Steine zum Werfen.

Was machst du, wenn du glaubst, dass der Satz des Pythagoras, den du für deine Berechnungen gewählt hast, nicht der richtige ist?

Ich probiere die anderen aus – einer passt immer!

Ein Schüler im Biologieunterricht:
Während des Brütens wächst das Ei, bis es irgendwann so groß ist, dass es platzt!

Warum hast du denn gestern schon wieder gefehlt?

Weil ich keine Lust hatte.

In der Entschuldigung deiner Eltern steht aber was anderes!

Ja, ich kann ja kaum reinschreiben, dass ich keine Lust hatte!

Ein Schüler zum anderen:

Hey, ich habe gehört Peter hat Magen-Darm! Wir besuchen ihn gleich nach der Schule – dann hat sich die Matheklausur übermorgen von selbst erledigt.

Wenn du noch einmal zu spät zum Unterricht kommst, gibt es einen Verweis!

Ich frage mich ja immer wieder, warum Ihre Generation so extrem ungechillt ist!

Was ist heute noch das Faszinierende an den alten Griechen?

Damals konnten sie noch mit Geld umgehen!

Nenne die Grundeigenschaften von Wasser.

Es schmeckt extrem langweilig, und wenn man darin badet, wird es braun.

Würdest du bitte deine Beine vom Tisch nehmen?

Das geht leider nicht. Meine Mutter sagt immer, ich muss darauf achten, keine Krampfadern zu bekommen, weil ich mir mal einen reichen Mann angeln muss. Denn ein Abschluss an der Schule sei eher unrealistisch. Ich hab keine Ahnung, was sie damit meint, aber sie hat sicher recht!

Daniela! Aufwachen!

Warum – ist die Stunde schon vorbei?

Wenn wir aufstehen, gehen die Menschen in Australien schon bald wieder ins Bett. Woran liegt das?

Die sind da einfach extrem faul!

Die Amsel ist den ganzen Tag damit beschäftigt, ihre Jungen zu füttern, bis sie groß genug sind, um sich selbst darum zu kümmern.

Aha! Und die Mädchen lässt sie verhungern, oder wie?

Guten Morgen und willkommen zu einem neuen Schuljahr.

Oh nein, was machen Sie denn hier? Ich dachte, Sie gehen endlich in Pension!

Zu welchem Zweck werden im Medizinstudium Leichen seziert?

Damit der Professor feststellen kann, ob die Studenten ohnmächtig werden oder nicht. Diejenigen, die umfallen, wechseln zur Zahnmedizin.

Was könnt ihr mir zum Dreißigjährigen Krieg, der 1618 begann, sagen?

Wann er geendet hat!

Gibt's das Geschichtsbuch eigentlich auch als Hörspiel? Das schafft ja kein Mensch!

Oh Gott.

Danke, aber „Herr Schmidt" reicht.

Auf was muss man bei der Apfelernte achten?

Dass einen der Nachbar nicht erwischt!

Moritz, warum lässt du dir eigentlich ständig deine Hausaufgaben von deinem Vater schreiben?

Weil er es besser kann als ich.

O.k., ich versuche dir mal zu erklären, wie das Essen aus unserem Pausenverkauf schmeckt. Hast du schon mal versucht, deine alten Socken zu essen?

Das Gesetz der Schwerkraft besagt, dass alles am Boden bleibt. Wer es missachtet – fliegt!

Und warum kommst du heute wieder zu spät?

Seien wir doch mal ganz realistisch – aus dem gleichen Grund wie gestern!

In welcher Umgebung beobachtet ihr Tiere am liebsten?

In ihrer natürlichen – zwischen den Hälften eines Burgerbrötchens!

Eine Schülerin zur anderen:
Sag mal, gehst du heute Mittag mit mir ins Shoppingcenter? Ich muss alle Klamotten von gestern umtauschen. Sie haben meiner Mutter gefallen.

Auf dem Pausenhof:

Sag mal, bekommst du jetzt eigentlich einen Bruder oder eine Schwester?

Keine Ahnung, ich hab nicht gefragt ... ich wollte ein Fahrrad!

Schülerin flüstert der Nachbarin zu:

Mein Gott, ist die Frau Schmidt blöd!

Bettina, hör auf, Sabrina vorzusagen, ich bin mir sicher, das weiß sie auch schon lange selbst!

Könnt ihr mich auch in der letzten Reihe gut hören?

Ja, aber ist schon okay, es stört kaum.

Was steht hinter der Tradition der Verlobung?
Zu welchem Zweck existiert sie?

Um Geduld zu lernen. Es ist genauso, als würde man sich ein neues Auto kaufen und bis zum nächsten Jahr in die Garage stellen.

Im Philosophieunterricht:
Wenn du zwischen dauerhafter seelischer Zufriedenheit und einem gesicherten Einkommen wählen könntest – welche Wahl würdest du treffen?

Das Einkommen natürlich, damit habe ich ja dann auch die seelische Zufriedenheit. Vielleicht sollten Sie die Frage besser noch mal im neusprachlichen Zweig stellen.

Ich verstehe nicht, warum du so faul bist! Was willst du denn mal werden? Was macht denn zum Beispiel dein Vater?

Mein Vater ist Dirigent.

Aha! Siehst du, das ist doch wirklich ein toller Beruf! Und deine Mutter?

Die ist Tänzerin.

Sehr interessant! Siehst du, was würden die beiden wohl sagen, wenn sie sehen würden, wie du hier deine Zukunft verspielst? Wo tanzt deine Mutter denn?

In der gleichen Bar, in der mein Vater Dirigent ist!

Im Chemieunterricht:
Dieses Experiment ist nicht ohne! Bei falscher Mischung der Zutaten könnte der Kolben explodieren. Ihr müsst jetzt aber schon ein bisschen näher kommen, sonst verpasst ihr ja noch das Beste!

Ich weiß gar nicht, was die immer mit den Leiden Christi haben! Der hatte doch ein cooles Leben – ist da als langhaariger Dude mit seinen Kumpels abgehangen und hat so viele Drogen eingeschmissen, dass er irgendwann an Wunder geglaubt hat …

Warum beginnt die Schule um acht Uhr morgens?

Das habe ich mich auch schon immer gefragt!

Eine Frage an den Biologielehrer:

Kann man eigentlich auf einem Toilettensitz schwanger werden?

Es ist ziemlich unbequem – aber klar!

Biounterricht am Anfang des Schuljahres. Der Lehrer teilt ein Blatt aus, auf dem verschiedene Arten von Wirbelsäulen zu sehen sind.

Wie heißen die Tiere, deren Wirbelsäulen man hier sieht?

Keine Ahnung!

Wie heißt du?

Der Schüler dreht sich um, zieht sein T-Shirt hoch und sagt:

Raten Sie mal!

Nach einer schlechten Prüfung:
Du kannst deine Bücher gleich unter deiner Bank lassen, da wirst du nächstes Jahr wieder sitzen.

Lehrer bei einem Ausflug mit der Klasse zu einem Schüler:
Ist es nicht schön, dass wir hier einmal nicht wie Lehrer und Schüler sind, sondern wie gute Freunde?

Probieren Sie das lieber mal bei Alex – ich steh da nicht so drauf.

Wie lautet der Spruch im Ganzen? :
„Sie lebten nur von Luft und ...?“

„Drogen“.

Ein Schüler zum anderen:

Hey cool, ich hab im Theaterworkshop die Rolle des Ehemanns bekommen!

Hm, lässig. Dann bekommst du bestimmt das nächste Mal sogar eine Rolle mit Text!

Hast du deine Hausaufgaben gemacht?

Haben Sie denn meine Prüfung korrigiert?

Ich habe noch andere Fächer außer dem hier!

Dann verstehen wir uns ja!

Wie lautet die Version dieses Satzes im Futur: „Ich habe etwas gestohlen"?

„Ich geh in den Knast."

Anna, wie würdest du „infantil“ buchstabieren?

i-n-v-a-n-t-i-l

Das ist falsch!

Warum? Sie wollten doch wissen,
wie ICH es buchstabiere!

Wo sind denn überhaupt deine Schulsachen?

Zu Hause!

Toll, und was machen sie dort?

All das, was ich hier nicht kann!

Warum müsst ihr eigentlich immer
reden, während ich etwas sage?

Das wollten wir Sie auch gerade fragen!

Kinder sind dreckiger als Erwachsene,
weil sie näher am Boden leben.

Wo sind deine Hausaufgaben?

Auf Facebook natürlich – wo denn sonst?

Kennst du das politische
Oberhaupt von Spanien?

Nein. Kennen Sie die kleine Blonde,
die immer Ihren Mann besucht?

Toni, du hast acht Tafeln Schokolade.
Wenn Leon dir zwei davon wegnimmt
– was bleibt dir nur noch übrig?

Ihn zu ermorden!

Anna, es reicht mir jetzt mit dir, du schwatzt schon die ganze Stunde mit Lisa! Nimm deine Sachen und geh zu Andrea!

Perfekt – der wollte ich die Neuigkeiten eh noch berichten!

Bist du eigentlich nur hier auf dem Internat, um das Geld deiner Eltern zu verschwenden?

Nein, aber Sie anscheinend!

Dennis, dreh dich endlich um! Ich habe nicht vor, mich mit deinem Rücken zu unterhalten!

Sehr gut! Genau das war mein Ziel!

Gib mir ein Beispiel für ein Tier, das an Land und im Wasser mobil ist.

Eine Ente.

Gut. Welches noch?

Noch eine Ente!

Leute! Ich weiß, dass ihr unter dem Tisch chattet! Niemand sitzt da und lächelt in seinen Schoß!

Warum bist du die letzten zwei Wochen nicht in der Schule gewesen?

Wegen dem Warnschild!

Welches Warnschild?

Na, dem direkt vor dem Gebäude! „Achtung, Schule"!

Agnes, bitte geh nach vorne, und zeige uns auf der Karte, wo Amerika liegt.

Zu den anderen Schülern gewandt:
Gut. Und wer hat Amerika entdeckt?

Die Agnes!

Warum fliegen die Zugvögel im
Winter Richtung Süden?

Sie wären ja dumm, wenn
sie laufen würden!

Welche Blutgruppe muss man haben,
um von beiden Blutgruppen A und
B Transfusionen zu vertragen?

Die von Zecken und Mücken!

Sofie, was ist näher? Die Sonne oder
das andere Ende der Welt?

Die Sonne, die ist doch direkt über uns.

Warum ist es gut, viel zu trinken?

Weil es nicht so fett macht, als würde man viel essen!

Und warum trinken wir überhaupt Wasser?

Weil wir es nicht essen können!

Nenne mir fünf Tiere, die im Dschungel leben!

Ein Affe und seine vier Geschwister.

Wusstest du, dass unsere Eltern schon eine Existenz hatten, bevor wir kamen?

Alex, gib mir ein Beispiel für ein Pronomen
und ein Interrogativpronomen.

Wer, ich?

Sehr gut!

Ben, was denkst du, warum ich dich diesen
Satz zehnmal schreiben lassen wollte?

Weil ich schlecht im Rechtschreiben bin.

Richtig. Und warum hast du ihn
dann nur achtmal geschrieben?

Weil ich in Mathe genauso schlecht bin!

Der einzige Sinn an der Schule ist, dass wir jetzt jeden Tag bestätigt bekommen, was wir schon wussten: dass wir nichts wissen.

Ich muss auf die Toilette!

Gut, aber vorher gibst du mir noch die richtige Antwort auf meine Frage.

Glauben Sie mir, die Sauerei wollen wir beide nicht!

Carina, welche Form der Vergangenheit haben wir gestern gelernt?

Ich weiß es nicht – ich war gestern nicht im Unterricht!

Sehr schön!

Sven, deine Hausaufgaben sind exakt dieselben wie die deines Bruders? Was ist das?

Das ist ökonomisch!

Korrigiert den Satz: „Der Hahn frisst die Hühnern das ganze Futter weg."

Richtig heißt es: „Die Hühner fressen die Hahn das ganze Futter weg."

Warum das denn?

Der Hahn ist ein Gentleman!

Lisa, erzähle der Klasse, welches Buch du gerade gelesen hast und worum es darin geht.

Fitfty Shades of Grey.

Okay, dann lieber nicht.

Von wo bis wo reichte das Römische Reich unter Kaiser Trajan?

Von Seite 11–24!

Nennt mir zwei Tiere, die in der Wüste leben!

Ein Kamel und seine Frau!

Schülerin zu ihrem Vater:

Sag mal, Papa, kannst du deinen Namen eigentlich auch im Dunkeln schreiben?

Ich denke schon ... wo soll ich ihn denn hinschreiben?

Hier unten auf den Verweis.

Gebt mir ein Beispiel für einen Zufall!

Meine Mutter und mein Vater leben im selben Haus!

Was kann man tun, wenn man es mit jemandem zu hat, der stundenlange Monologe führt?

Darauf warten, dass es endlich klingelt!

Warum hast du eigentlich immer zwei verschiedenfarbige Turnschuhe an?

Ich weiß auch nicht, die anderen zu Hause sind auch alle bunt!

Welche Emotion zeige ich, wenn ich jemanden davon abhalte, zum Beispiel ein Schwein zu quälen?

Geschwisterliebe!

Warum betet man im christlichen Glauben vor dem Essen?

In der Hoffnung, dass es einmal schmeckt!

Mama, ich kann heute nicht
in die Schule gehen!

Aber warum denn nicht?

Ich habe Schmerzen!

Wo denn?

In der Schule!

Du hast gestern den Unterricht verpasst, oder?

Ja, aber nur ganz knapp ...

Entschuldigung, ich habe heute keine Hausaufgaben dabei, weil mein Heft kaputtgegangen ist!

Bei der Ausrede hättest du dir aber ein bisschen mehr Mühe geben können.

Wieso? Es hat immerhin eine halbe Stunde gedauert, bis es ganz kaputt war!

Du kommst jeden Morgen zu spät! Was wäre, wenn du mal den Bus in die Schule nehmen würdest?

Man würde mich wegen Diebstahls oder Kidnappings verhaften!

Wir machen unseren Ausflug ins Museum noch interessanter! Wir treffen uns erst vor Ort, jeder muss selbst den Weg finden!

Wow! Ein echter Hitchcock! 24 Schüler im Alter von 16 Jahren begeben sich alleine zum Museum!

Hm, und wenn wir sagen, wir treffen uns bei bestimmten Koordinaten?

Dann sind Sie voraussichtlich bis nachts allein im Museum!

Ich finde eigentlich nicht, dass ich eine Sechs verdient habe!

Ich auch nicht – aber eine Sieben gibt es leider nicht!

Vater zum Lehrer im Elterngespräch:

Hören Sie, wenn mein Sohn diese Klasse doch besteht, spendiere ich der Schule einen neuen Getränkeautomat!

Sie sind wohl verrückt!

Okay … mit Getränken!

Wie schaffst du es nur, so viele Fehler in einem Text zu machen?

Alles eine Frage der Motivation!

Könnt ihr mir den Begriff „abstrakt" anhand eines Beispiels erklären?

Mein neues Fahrrad!

Johanna – es gibt immer wieder Beschwerden, dass du dich beim Pausenverkauf vordrängelst!

Ich kann nichts dafür, immer wenn ich mich hinten anstellen will, steht da schon jemand!

Nach der ersten Schulwoche sagt ein Mädchen zu ihrem Vater:

Ich geh da nicht mehr hin – ich kann immer noch nicht lesen und schreiben und reden darf nur der Lehrer!

Warum sind Erwachsene nur so doof?

Das hat man ihnen bestimmt in der Schule beigebracht!

Nenne eines der 10 Gebote!

Trage niemals Ballerinas zum Rock!

Papa, ich hab eine gute
Nachricht für dich!

Ja? Schieß los!

Du brauchst das Fahrrad, das du
mir versprochen hast, wenn ich die
Klasse bestehe, nicht zu kaufen!

Warum kannst du eigentlich nie die
Fragen beantworten, die ich dir stelle?

Wenn ich das könnte, müsste
ich ja nicht hier sein!

Der Kuchen in der Cafeteria ist
härter als jede Prüfung!

Zu Beginn eines neuen Schuljahres
sagt ein Schüler zum anderen:
Ist dieser Herr Huber nicht ein Idiot?

Weißt du, wer ich bin?

Nein!

Sein Sohn!

Oh! Und weißt du, wer ich bin?

Nein.

Gott sei Dank!

Ich hoffe ja nicht, dass ich dich
wieder beim Spicken erwische!

Ich auch!

Gehst du gerne in die Schule?

Ja, aber noch lieber geh ich dann wieder nach Hause!

Jeder, der keinen Plan von der Sache hier hat, steht jetzt bitte auf und geht!

Sie sind der Einzige, der steht – wann gehen Sie endlich?

Wir dürfen in der Pause nicht mit Essen werfen. Es kann tödlich ausgehen, wenn Brote vom Pausenverkauf dabei sind!

Nennt mir ein paar Lebensmittel, die in unserem Land hergestellt werden!

Keine Ahnung!

Und wo, denkt ihr, kommt zum Beispiel unsere Milch her?

Ah! Aus heimischen Supermärkten!

Anja, wie viel ist vier mal acht?

32!

Richtig! Und wie viel ist acht mal vier?

23!

Mein Vater bekommt heute bestimmt ein Baby!

Sabine, das ist nicht möglich! Wie kommst du denn darauf?

Als meine Mutter das letzte Mal Bauchschmerzen hatte, haben wir auch eines bekommen!

Und warum bist du heute wieder zu spät?

Die U-Bahn hatte einen Platten!

Meine Güte, was ihr so alles in den Mund nehmt! Das würde ich nicht mal in die Hand nehmen!

Hören Sie jetzt auf zu reden und
hören Sie stattdessen endlich zu!

Das ist doch kein Problem – wir sind Mädchen! Multitasking und so!

Schüler im Bus auf Klassenfahrt:
Was geht 'n ab? Ich dachte, wir fahren nach Italien und nicht nach Rom!

Sabrina, beantworte jetzt bitte meine Frage!

Ich kann nicht, die beobachten mich alle!

Marcel, wie lange dauerte der 30-jährige Krieg?

Das ist unfair! Das haben wir doch noch gar nicht durchgenommen!

Papa, du musst zur Lehrerin, die haben uns bei der Klassenfahrt mit Alkohol erwischt.

Meine Güte, ihr habt euch erwischen lassen? Ihr lernt aber auch wirklich nichts Vernünftiges mehr in der Schule!

Wo im Körper befindet sich die Milz?

Im Brustkorb.

Ja, nach einem Unfall!

Der Lehrer kommt zu spät in den Unterricht:
Sorry, ich hab meinen Wecker nicht gehört, das Fahrrad hatte 'nen Platten, das Auto meiner Eltern war kaputt, und der Bus hatte Verspätung – hab ich was vergessen?

Tobi, was weißt du über das Balzverhalten der Hirsche?

Der Hirsch steht da und ruft: „Hey, Bambi, komm rüber, ich will dich fruchten!"

Wer von euch auch immer die Scheibe an der Eingangstüre zertrümmert hat, kann sich jetzt anonym melden!

Schüler zur Biologielehrerin:

Ist Grasrauchen denn nun wirklich so ungesund?

Hmmmm … na ja….

Ja?

Ach nein, ich will jetzt nicht antworten.

Wer macht's mit Babsi?

Sechs Schüler melden sich und grinsen.

Herrje, nicht so!

Ein Schüler meldet sich weiter und sagt:

Okay, ich mach's auch von hinten!

Was für eine Rasse ist eigentlich der süße Hund bei „Ein Bernhardiner namens Möpschen?"

Leon, was feiern wir an Weihnachten und mit welchem Brauch?

Wir feiern, dass Jesus auferstanden ist, und deshalb essen wir da dann auch so viel.

Schüler zum Lehrer:

Mann echt, schreien Sie zu Hause auch immer so rum, wenn die anderen schlafen wollen?

Woraus besteht eine Coca Cola hauptsächlich?

Aus Kokain!

Vor dem Eingang steht ein Dreirad!

Aber immer dran denken: Dont drink and drive, Herr Lehner!

Denkst du, Frau Mayer trägt einen BH?

Das sollte sie ... meine Güte, das sollte sie!!!

Jetzt seid endlich mal still und sagt was dazu!

Wie berechnet man denn
jetzt die Wurzel aus 2?

Nimm deinen Taschenrechner und gib's ein!

Im Musikunterricht:
Geht jetzt bitte alle nach nebenan und
holt euch eure Ständer runter!

Mensch, Anette, hast du denn alles
vergessen, was du gelernt hast?

Herr Kraus, Bildung ist, was übrig bleibt,
wenn man alles, was man in der Schule
lernte, vergessen hat! Albert Einstein.

Also, wenn ihr es nicht hier tun wollt, dann geht eben mit der jeweiligen Lehrkraft in einen Raum, dort geht es dann unter vier Augen.

Im Chemieunterricht:

Hier könnt ihr jetzt mal riechen. Es haben sich giftige Dämpfe gebildet.

Ich möchte auswandern! Am besten nach Australien!

Aha, und warum?

Weil Sie da bestimmt nicht hinkommen!

Ich kann von allen hier am schnellsten rechnen!

Okay, zeig mal: Wie viel ist 24 durch acht?

Zwölf.

Das ist falsch!

Ist doch egal, hier ging es ja um Schnelligkeit!

Wo findet man überall Fette?

In Pommes, Pizza, Chips und Würstchen!

Großvater zum Enkel:
Oje – schnell, versteck dich, da vorne kommt deine Englischlehrerin, bei der du doch heute geschwänzt hast!

Du musst dich verstecken! Ich hab gesagt, ich war auf deiner Beerdigung!

Björn, wer ist das kleinste und jüngste Familienmitglied in deiner Familie?

Mein Vater.

Warum das denn?

Er muss immer noch bei meiner Mutter schlafen!

Finn, erkläre mir den Begriff „Hypertonie".

Wnfifhewhiofhi.

Das habe ich nicht verstanden.

So ging's mir auch gerade!

Wann verwendet man ein Synonym?

Wenn man nicht weiß, wie man das eigentliche Wort schreibt!

Was geschah 1769?

Napoleon wurde geboren.

Sehr gut! Und was geschah 1792?

Da wurde er 23!

Hat dir dein Vater bei der
Hausaufgabe geholfen?

Nein, er hat alles ganz alleine gemacht!

Findest du es eigentlich gut, dass ich dir
jeden Tag eine Strafaufgabe geben muss?

Ach, mit dem Wochenende
dazwischen geht's schon ...

Und, Lena, habt ihr den Umzug
gut überstanden?

Ja! Alles ist toll und jeder hat jetzt
sein eigenes Zimmer! Nur Mama muss
immer noch mit Papa in einem schlafen!

Wie stellst du dir Gott vor?

Graue Haare, grauer Bart,
unsterblich und allwissend.

Ist das alles?

Es geht hier um Glauben
– nicht um Wissen!

Ist es nicht schön, ein Klassenfoto zu machen? So könnt ihr euch später mal erinnern ... und darüber nachdenken oder auch lachen, was eure Klassenkameraden heute so machen.

Und wir können eine Schweigeminute für unseren bis dahin längst verstorbenen Lehrer einlegen!

Wenn ich einen Kopfstand mache, fließt das ganze Blut in den Kopf. Warum fließt es dann nicht gänzlich in meine Füße, wenn ich stehe?

Weil Ihre Füße nicht so leer sind wie Ihr Kopf!

Im Religionsunterricht:

Der liebe Gott sieht alles und hört alles!

Das arme Schwein!

Was bedeutet der Tag der deutschen Einheit?

Schulfrei!!!

... und morgen könnt ihr dazu einen
Artikel in der *Bildzeitung* lesen ...

In der *Bild*? Mein Gott, sind Sie trivial!

Anna, wenn du 20 € hast, und Bettina möchte
sich 10 € leihen, wie viel hast du dann noch?

20 €!

Wie kommst du darauf?

Nur weil sie mich danach fragt, muss
ich ihr ja noch lange nichts leihen!

Nachdem der Lehrer die Prüfungsfragen
ausgeteilt hat, meldet sich ein Schüler:
Herr Rohde, Sie haben die Fragen ausgeteilt,
aber den Antwortkatalog vergessen!

Wenn du von deinem Vater 70 und von deiner Mutter 35 € bekommst, was hast du dann?

Genug für eine neue Jeans!

Wie kann man sich vor Zeckenbissen schützen?

Zu Hause bleiben und zocken!

Manuela, ich habe dir gesagt, dass ich dich bestrafen werde, wenn du wieder deine Hausaufgaben nicht erledigt hast, richtig?

Schülerin begeistert zu ihrer Mitschülerin:

Schau, ich hab dir doch gesagt, das ist Fifty Shades live hier!

Du hast mir doch versprochen, den Aufsatz zu schreiben! Und du weißt, dass ich versprochen habe, wenn du ihn nicht schreibst, bekommst du eine Strafaufgabe ...

Ja! Und deshalb hoffe ich, dass Sie Ihr Versprechen auch brechen!

Stellt euch vor, jemand würde euch die Wahl zwischen unendlichem Wissen und unendlich viel Geld lassen. Was würdet ihr nehmen?

Das Geld natürlich!

Warum? Ich würde das Wissen wählen ...

Naja, jeder wählt wohl das, von dem er am wenigsten hat!

Warum tragen Ärzte bei Operationen grundsätzlich eine Maske?

Damit sie, wenn der Patient doch stirbt, unerkannt durch den Hintereingang verschwinden können.

Ein neuer Schüler wird der Klasse vorgestellt:

Wie heißt du?

Felix.

Okay. Und ... was macht zum Beispiel deine Mutter?

Immer das, was mein Vater sagt.

Elena, wenn ein Bäcker zwei Pfund Butter mit drei Liter Milch und einem Pfund Mehl mischt, was kommt in der Summe dabei heraus?

Mürbeteig? Keine Ahnung, ich bin doch kein Bäcker!

Stell dir vor, du hast ein Loch in deinem Geldbeutel und 15 € fallen heraus. Du hattest zuvor 30 € darin, was bleibt dir am Ende?

Ein Loch im Geldbeutel.

Was haben wir heute für ein Ereignis, das wir die letzten zehn Jahre nicht hatten?

Ich habe richtig geantwortet!

Florian! Hör endlich auf zu reden!!!

Meine Güte, Ihnen passt aber auch gar nichts! Wenn ich schlafe, schimpfen Sie, und wenn ich rede auch! Was wollen Sie denn eigentlich? Wenn ich rede, schlafe ich nicht! Das ist doch schon mal was!

Peter, ich bin begeistert von dem Ergebnis deiner Prüfung! Toll! Versprich mir, dass du das nächstes Mal wieder so machst!

Klar! Kein Problem! Wenn Sie mir versprechen, dass ich nächstes Mal wieder die Prüfungsfragen für Sie kopieren soll!

Der Lehrer schlägt das Buch auf und sagt:
Okay, wo waren wir gestern?

Genau da, wo wir heute auch wieder sind.

Was denkt ihr, warum Meerwasser salzig ist?

Weil ein Salztanker gekentert ist.

Wenn deine Schrift so bleibt, wie sie im Moment ist, könntest du Probleme bekommen!

Bis ich mit der Schule fertig bin, schreibt kein Mensch mehr von Hand!

Die Schüler sollen einen Aufsatz über ihr Haustier schreiben. Tom und Florian sind Geschwister und in der gleichen Klasse.

Ihr habt ja ein und denselben Aufsatz abgegeben!

Ja, klar – wir haben ja auch ein und dasselbe Haustier!

Du bist zu spät!

Ich weiß, aber da war eine Frau, die hat ihren Geldbeutel verloren!

Ach schön! Und du hast ihr geholfen und ihn ihr wiedergegeben?

Nein, ich musste warten, bis sie endlich weg war, damit ich das Geld einstecken konnte!

Wer hat die Glühbirne erfunden?

Also, Herr Scholz! Das ist jetzt aber schon peinlich, dass Sie das nicht wissen!

Lisa, was versteht man unter dem Begriff „Symbiose"?

Also, ich glaub, das kommt aus dem Indischen und hat was mit diesem Sexding Tantra oder so zu tun. Das ist eine bestimmte Stellung, die Mann und Frau dann für den Rest ihres Lebens so beibehalten.

Im Kunstunterricht:

Du hast ja gar nichts gezeichnet!

Doch hab ich! Ein Pferd auf der Weide!

Das ist nicht witzig! Das Blatt ist leer! Also, wo sollen dann das Pferd und die Wiese sein?

Das Pferd hat alles Gras aufgefressen und ist deshalb weggegangen!

Nennt mir drei Arten von
Lebewesen auf der Erde!

Menschen, Biolehrer und Mathelehrer.

Frau Ager, sind Sie eigentlich schwanger?

Nein! Wie kommst du darauf?

Naja, allein vom Essen kann man in so kurzer Zeit ja kaum so fett werden!

Welche Lektüre ist für euch die wichtigste?

Meine Kontoauszüge!

Was, ehrlich? Du hast eine Idee? Meine Güte, muss die sich da oben einsam fühlen!

Und schon wieder kommst du zu spät zu meinem Unterricht!

Keine Angst! Zu den anderen komme ich auch nicht früher.

Ich kann es nicht fassen, dass du allen Ernstes wirklich schon wieder zu spät bist!

Ich weiß gar nicht, was Sie immer wollen – Sie bekommen Ihr Geld doch so oder so!

Warum hast du deine Schulaufgaben
nicht erledigt?

Wann hätte ich die denn machen sollen?

Natürlich gestern Nachmittag!

Aber da war ich doch zu Hause!

Ja, eben!!!

Also, dann müssen Sie sich aber mal genauer ausdrücken! Das sind doch dann Hausaufgaben – keine Schulaufgaben!

Herr Mertel, was ist der Unterschied zwischen aerob und anaerob?

Woher soll ich das wissen?
Wozu habt ihr Handys?

Lehrer deutet mit einem Zeigestab auf einen Schüler:

Am Ende dieses Stabes befindet sich ein unmotivierter und fauler Schwätzer!

Welches Ende meinen Sie?

Leo! Hör sofort auf, Tina mit Spuckekugeln zu bewerfen! Das ist ekelhaft und diskriminierend!

Wieso denn diskriminierend?

Ja, immer auf die Dicken, oder wie?

Was ist 8x4?

Ein Deo.

O. k., was ist 3x9?

39!

Ihr habt jetzt 40 Minuten Zeit, einen Aufsatz über euer Wochenende zu schreiben! Was habt ihr gemacht?

Zwei Schüler kommen nach zwei Minuten nach vorne und geben ihre Blätter ab.

Ich wollte Fußball spielen, aber es hat geregnet.

Und du?

Nichts. Können wir jetzt gehen?

Wo befinden sich die Alpen?

Weiß ich nicht.

Steh bitte auf!

Schüler, stehend:

Ich kann sie aber immer noch nicht sehen!

Woher kommen die Kartoffeln denn ursprünglich?

Aus dem Boden.

Warum höre ich nur die ganze Zeit
Kinder im Hintergrund reden?

Vielleicht sollten Sie sich mal
untersuchen lassen!

Ich muss aufs Klo!

Könnte ich bitte auf die Toilette gehen?!!

Hey! Ich hab zuerst gefragt!

Wer von euch möchte in den Himmel kommen?

Alle melden sich, bis auf Lars.
Warum meldest du dich nicht? Möchtest
du nicht in den Himmel kommen?

Nein, einfach nur nach Hause!

Warum ist der 3. Oktober so
ein wichtiger Feiertag?

Weil ich da Geburtstag habe!

Rolf, wer hat die Glühbirne erfunden?

Rolf steht auf und geht zur Tür.

Was machst du da?

Ich verlasse den Raum.

Warum? Ich habe dir gerade eine Frage gestellt!

Eben! So was lasse ich mir
doch nicht bieten!

In deinem Alter hatte Einstein schon seine erste wissenschaftliche Arbeit verfasst!

Und in Ihrem Alter hatte Napoleon schon seinen ersten Selbstmordversuch hinter sich!

Frau Reisinger, Sie haben da einen Fehler gemacht. Sie haben meine Schulaufgabe mit einer 5 benotet!

Ich betrachte das nicht als Fehler.

Als was denn dann?

Als eine freundliche Geste!

Ich glaube, die Erwachsenen spinnen generell.

Warum?

Weil sie an einem Tag behaupten, es wäre Montag, und am nächsten Tag sagen sie einfach, es wäre Dienstag!

Lehrer nach einer Klausur zum Schüler:
Und, wie ist es dir gegangen? Wie viele Fragen konntest du beantworten?

Hm, das war schwierig. Es waren zwölf Fragen, davon konnte ich die ersten elf nicht beantworten und für die zwölfte war dann keine Zeit mehr!

Tobi und Andrea! Ihr habt beide ein leeres Blatt abgegeben!

Wir haben aber nicht voneinander abgeschrieben!!!

Kulturell gesehen, ist die Welt wie ein Pandabär: Es gibt Schwarze, Weiße und Asiaten.

Was gab's letzte Woche in der Mensa?

Dasselbe, was es heute geben wird – nur etwas frischer.

Wir sind eine Eliteschule!

Und was machen Sie dann hier?

Dein Kopf ist voll mit Blödsinn!

Wenn Sie das wissen, warum
reißen Sie ihn mir dann jeden
Tag wieder von Neuem ab?

Warum tragen Bären so einen dicken Pelz?

Weil sie in Jacken blöd aussehen würden.

Basti, definiere mir das Wort „Mädchen".

Unverständliches Wesen aus
einer anderen Matrix.

Warum hast du von 20 Fragen nur neun beantwortet?

Sie wissen doch, dass ich schlecht im Rechnen bin!

Was habe ich, wenn ich von 15 Tafeln Schokolade zwei Drittel gegessen habe?

Kurzfristig Bauchweh und auf Dauer wahrscheinlich Zucker!

Was waren die strategischen Gründe für die Alliierten, die Normandie für ihren Angriff auf die feindlichen Truppen zu wählen?

Finanzielle! Weil sie danach gleich am Strand Urlaub machen konnten.

Was kannst du mir über die Eiszeit berichten?

Gar nichts, ich fahr lieber in den Süden!

Lisa, wenn du 30 Euro hättest und mir davon 10 leihen würdest, wie viel hättest du dann?

Gar nichts mehr.

Warum?

Weil ich nichts verleihen würde, sondern etwas kaufen.

Für mich? Das ist aber eine sehr schöne Idee!

Nein, für mich!

Also, Alena, ich versteh das wirklich nicht! Dein ganzes Zeugnis ist mit Fünfern voll! Als ich in deinem Alter war, hatte ich nur Einser und Zweier!

Sie hatten bestimmt Glück und einen echt guten Lehrer! Ich hab da leider dieses Jahr ziemlich Pech gehabt!

Wenn du zwölf Mücken hast, die dich nerven, und du tötest ein Viertel davon, wie viele bleiben übrig?

Gar keine mehr.

Wie kommst du darauf?

Die anderen würden so schnell wie möglich abhauen!

Warum ist die Acht kleiner als die Neun?

Weil die zehn größer ist.

Wo befand sich der Limes?

Im Geschichtsbuch, Seite 11!

Schreibt einen emotionalen Brief und gebt ihn am Ende der Stunde bei mir ab.

Gehen Sie mal besser zum Psychologen!

Papa, ich will auswandern!

Warum das denn?

Weil in anderen Ländern eine Sechs eine Eins ist!

Flo, ich habe in einer Hand drei Flaschen Bier
und in der anderen zwei. Was habe ich am Ende?

Ein Alkoholproblem?

Meine Güte, nein!!! Fünf!
Ich habe fünf Flaschen Bier!

Versuchen Sie gerade, von Ihrem
Problem abzulenken?

Gib mir jeweils ein Beispielsatz
für Aktiv und Passiv.

Ich mache keine Hausaufgaben.
Die Hausaufgaben werden nicht gemacht.

Michael! Warum sitzt du da und schaust die ganze Stunde aus dem Fenster, während ich hier stehe? Ich möchte eine Antwort!

In diesem Fall ist wohl Schweigen wirklich Gold.

Wie ist dein Name?

Sag ich nicht.

Warum?

Ich glaube, für unser zukünftiges Arbeitsverhältnis ist es besser, wenn Sie ihn nicht kennen.

Wenn du 10 Euro in der Tasche hast und deine Mutter um weitere zehn Euro bittest, wie viel hast du dann?

Immer noch zehn.

Warum?

Weil meine Mutter sagen würde, dass ich nicht unser ganzes Geld haben kann.

In dieser Klasse sind 28 Idioten!

Falsch – 29!

Raus!!!

Okay, dann stimmt's: 28.

Ein Schüler zum anderen:

Also, für mich ist Sex wie Mathe. Ich plus das Bett minus die Klamotten, und am Ende hoffe ich, dass sich nichts verdoppelt!

Schüler auf dem Schulhof zu einer Schülerin:

Willst du mit mir gehen?

Nein! Ich bin doch ein Jahr älter als du!

O.k., dann komm ich eben nächstes Jahr wieder!

Der Lehrer verteilt die Prüfungsblätter und sagt:

Ihr könnt fragen, wenn euch etwas unklar ist.

Wo sind die Antworten?

Passt auf, wenn ihr zum Beispiel Äpfel essen wollt, die am Boden liegen! Es können Wespen und Würmer darin sein!

Na und? Die sollen doch selber aufpassen!

Ein Schüler zum anderen:
Weißt du, worum es in der Schulaufgabe ging?

Nö. Ich glaub, um Mathe, hab gesehen, wie die anderen den Taschenrechner benutzt haben.

Und wenn ich dir die geliehenen 30 Euro zurückgebe, wie viel hast du dann?

Insgesamt zehn Euro mehr als zuvor!

Wie kommst du denn darauf?

Zinsen!

Ich hab Bauchweh!

Das kommt daher, dass er leer ist.

Später der Lehrer zur Klasse:
Tut mir einen Gefallen und seid etwas leiser, ich hab fürchterliche Kopfschmerzen!

Das kommt daher, dass er leer ist.

Wer war Caesar?

Ein cooler Typ!

Lehrer zu zwei Schülern, die ständig tuscheln und lachen:

Findet ihr das etwa lustig?

Klar! Sonst würden wir ja nicht lachen!

Warum hältst du das Buch falsch herum?

Für mich macht es keinen Unterschied, wie herum ich es halte, weil ich sowieso kein Wort verstehe!

Erster Schultag. Der Lehrer zu den Schülern:

Bitte setzt euch und seid leise – wenn ihr Fragen habt, dann hebt die Hand.

Schüler hebt die Hand.

Ja, hast du eine Frage?

Nein, ich wollte nur sehen, ob das auch funktioniert.

Ein Schüler gähnt während des Unterrichts unverhohlen.

Lukas! Friss mich nicht auf!

Nein, keine Sorge – ich mag keine Tiere!

Wenn dich ein Raubtier fressen will – was tust du?

Ich klettere auf einen Baum.

Und wenn es auch auf den Baum klettern kann?

Dann springe ich ins Wasser.

Und wenn es das auch tut?

Zu wem halten Sie eigentlich?

Auf dem Pausenhof, ein Schüler zu einer Mitschülerin:

Darf ich deine Hand halten?

Nö, geht schon, die ist nicht so schwer.

Wenn du einen Euro hast und deinen Vater um einen weiteren bittest – wie viel hast du dann insgesamt?

Einen Euro.

Du kennst die einfachsten Rechengrundlagen nicht!

Und Sie kennen meinen Vater nicht!

Kannst du denn wirklich nicht einmal pünktlich zum Unterricht erscheinen?

Sie haben doch gesagt, dass es nie zu spät ist, mit dem Lernen anzufangen!

Schülerin zur anderen:
Hey, ich hab einen anonymen Brief bekommen!

Echt? Von wem denn?

Wie könnte man das größte Ausmaß
an Dummheit bezeichnen?

Sie müssten Ihren Namen doch
selbst am besten kennen?!

Ein Schüler zum anderen:
Ich wusste gar nicht, dass die
Wissenschaft ein Gespenst ist.

Ich auch nicht – wie kommst du darauf?

Der Herr Fischer redet ständig
vom Geist der Wissenschaft!

Klavierlehrer zum Schüler:
Wenn du nicht aufhörst, mich zu ärgern, werde ich deinen Eltern sagen, dass du ein großes Talent zum Klavierspielen hast!

Schreibst du mit der linken oder mit der rechten Hand?

Ich schreibe mit einem Stift!

Zwei Schüler während der großen Pause:
Schau mal, ich hab einen Ball gefunden, den jemand verloren hat!

Woher willst du denn wissen, dass den jemand verloren hat?

Weil die dahinten ihn immer noch suchen!

Anna, du schreibst jetzt zehnmal an die Tafel: »Ich kann während des Unterrichts nicht schlafen!«

Das stimmt! Wenn Sie mich allerdings endlich mal in Ruhe lassen würden, wäre es kein Problem!

Hey, heute gab es echt Nudelsuppe in der Mensa!

Ich weiß, Anna aus der 8b hat die Nudel erwischt!

Es kann doch nicht sein, dass bei euch alles zum einen Ohr rein und beim anderen wieder rausgeht!

Dann wäre es uns aber wenigstens einmal durch den Kopf gegangen!

Mutter zur Tochter:
Und – was hast du heute in der Schule gelernt?

Anscheinend nicht genug, ich muss da morgen wieder hin …

Hier gibt es so viele Menschen,
die euch Gutes tun.

Ja, der Mann am Pausenverkauf und der Busfahrer!

Was bedeutet der Begriff
»Grammatik« überhaupt?

Zu wissen, dass man es nicht kann!

Sara, warum um alles in der Welt schmeißt du deine Uhr durchs Klassenzimmer?

Ich wollte endlich mal sehen, wie die Zeit fliegt.

Was ist denn mit der Pflanze hier im Klassenzimmer passiert? Die ist ja völlig zerstört! Wer war das?

Wir, Herr Friedrich, Sie haben doch gesagt, dass wir das Wurzelziehen üben sollen!

Warum ist der Matheunterricht
eigentlich so unbeliebt?

Weil es darin immer nur um Probleme geht, die von uns gelöst werden müssen!

Gibt es eine spezielle chemische
Formel für Eis?

Ja! H_2O on the rocks!

Was ist eurer Meinung nach der
Unterschied zwischen einem Philosophen
und einem Mathematiker?

Der Philosoph braucht für seine Arbeit keinen Mülleimer!

Wie nennt man die größten gebundenen Sternensysteme im All?

Tschechoslowakei.

Wie kann ich feststellen, ob ich es mit einem männlichen oder einem weiblichen Chromosom zu tun habe?

Ach, da genügt ein Satz.

Franz, nenn mir den Satz des Pythagoras!

Nucleus.

Wie bitte? Wir sind hier in Mathe, nicht in Bio!

Ach so, ja dann: Drei.

Ein Schüler zum anderen:

Eigentlich versteh ich überhaupt nicht, was wir in der Schule sollen! Deutsch sprechen wir schon, für Mathe haben wir den Taschenrechner und für Englisch gibt's LEO.

Was sind deiner Meinung nach die beiden wichtigsten Dinge, die man in der Schule lernen kann?

Zu schreiben, ohne hinzusehen, und Teamwork. Beides lernt man am besten und ganz einfach während der Klassenarbeiten.

Oliver! Wach gefälligst auf!

Okay, aber wenn ich in der Schule nicht schlafen darf, dann darf ich zu Hause auch nicht lernen!

Du hast einfach vom Nachbarn abgeschrieben! Das nennt man auch Plagiat!

Das stimmt nicht! Ich habe von mehreren abgeschrieben – und das nennt man Recherche!

Die Hühner versorgen uns mit Eiern, die Kühe mit Milch. Was bekommen wir vom Schwein?

Hausaufgaben!

Wie können wir dazu beitragen, dass
unser Schulhof sauber bleibt?

Wir bleiben alle zu Hause.

Was war für euch das Wichtigste, das ihr
dieses Jahr in Chemie gelernt habt?

Trink nie aus den kleinen
Fläschchen am Pult!

Woran kannst du erkennen,
dass du dehydrierst?

Wenn das Blut durch die Adern knackt.

Das Leben ist eine sexuell übertragbare Krankheit.

Wie lautet die Wurzel aus 100?

Das ist mir jetzt aber echt zu extrem!

Habt ihr schon was von dem Mann gehört, der die Quantenphysik ins Leben gerufen hat?

Ja! Aber ihm geht's jetzt wieder besser.

Georg! Meinst du etwa, du unterrichtest die Klasse?

Nein, Herr Fuchs.

Also, dann hör gefälligst auf, dich wie ein Idiot zu benehmen!

Könnten Sie meine Noten
meinen Eltern auch mailen?

Ich dachte, deine Eltern haben
keinen Computer?

Ja! Eben!

Eine Lehrerin erwischt Kinder auf dem Schulhof, wie sie anderen eine Fratze schneiden, und sagt:

In meiner Kindheit sagte man, dass einem
die Fratzen bleiben, die man anderen
schneidet!

Oh Gott, und es stimmt tatsächlich!

Du bist wieder zu spät! Du musst einfach früher anfangen!

Dafür war es heute einfach schon zu spät!

Andi, ich habe gehört, dass du letzten Dienstagnachmittag, als du nicht in der Schule warst, ins Kino gegangen bist!

Das stimmt gar nicht! Ich kann Ihnen sogar die Karten vom Fußball zeigen!

Nennt mir ein Beispiel einer Flüssigkeit, die nicht gefrieren kann!

Heißes Wasser.

Welcher Monat hat 28 Tage?

Der kürzeste.

Wie nennt man eine Kreatur, die
halb Mensch und halb Tier ist?

Dr. Jekyll und Mr Hyde.

Im Religionsunterricht:
Wer waren die ersten Menschen auf der Erde?

Keine Ahnung?

Ein Tipp: denk an den Apfel!

Pink Lady!

Wer entdeckte Pluto?

Disney!

Wann macht das Gehirn eine Pause?

In der Schule!

Welche Form hat unsere Erde?

Eine schlechte!

Was macht man am besten mit verdorbenen Lebensmitteln?

Man bringt ihnen Manieren bei!

Wer ist dein Lieblingsautor?

Van Gogh.

Van Gogh ist aber kein Autor!

Das ist der Punkt!

Nehmt doch den Pschyrembel
einfach mit nach Hause.

Cool! Ich wusste gar nicht, dass
der auch Hausbesuche macht!

Wie war der Ausflug für euch heute?

Bis auf das Museum war alles cool.

Die Klasse ist auf dem Weg zur Skifreizeit.

Oh nein, hätte ich nur meinen Schreibtisch dabei!

Wofür brauchst du den denn jetzt?

Auf ihm liegt mein Zugticket!

Was hast du in deinen Sommerferien gemacht?

Das Gleiche wie in der Schule: schlafen, reden, essen und spielen.

Vor dem Unterricht – ein Schüler zum anderen:

In diesen Ferien hab ich absolut gar nichts gemacht – jetzt weiß ich endlich wie das ist, ein Lehrer zu sein!

Was hast du in den Sommerferien gelernt?

Das Gleiche wie in der Schule – nichts.

Auf Klassenfahrt:

Wie könnt ihr verhindern, dass ihr euch im Wald verlauft?

Wir bleiben zu Hause.

Womit habt ihr euch während der Ferien am meisten beschäftigt?

Mit der Pubertät!

Wie viele Bücher hast du bis jetzt gelesen?

Fragen Sie mich das doch am besten in 70 Jahren noch mal!

Was hast du über Jeanne d'Arc in den letzten Wochen gelernt?

Sie sieht im Film wesentlich besser aus!

Auf welcher Seite des Baumes wächst Moos?

Auf der Außenseite.

Vor den Sommerferien. Schüler zum Lehrer:
In den nächsten sechs Wochen werde ich absolut nichts tun!

Toll, darin hast du ja seit einem Jahr Übung!

Die Sommerfreien sind echt hart – wir müssen in nur sechs Wochen alles vergessen, was wir im Jahr zuvor gelernt haben!

Meine Güte heute ist der letzte Schultag vor den Ferien! Davon habe ich so lange geträumt!

Das stimmt, vor allem während meiner Stunden!

Ich werde meine Ferien damit verbringen, alles, was ich im letzten Jahr gelernt habe, Revue passieren zu lassen.

Und was machst du am zweiten Tag?

Mein Lehrer sagt immer, dass man in den Sommerferien nicht mit dem Lernen aufhören soll!

Da hat er recht! Ich hör damit meistens schon vor den Weihnachtsferien auf!

Schüler zum Sitznachbarn:

Ich kann das Outfit von Stefanie gar nicht richtig beschreiben. Aber eines steht fest, wenn man es im Garten wachsen sehen würde, dann würde man es sofort mit Unkraut-Ex besprühen!

Fußball im Sportunterricht:

Warum hast du denn den Ball nicht gehalten?

Dafür gibt es doch das Netz!

Zwei Jungs spielen in der Pause Fußball. Der eine versucht ein Tor zu schießen und schießt vorbei:

Mist! Ich könnte mir selbst in den Hintern treten!

Versuch's ruhig, du triffst eh nicht!

Lehrer erwischt einen Schüler, als dieser gerade in sein Deutschbuch malt:

Was denkst du eigentlich, was du da tust?

Ich setze ein Zeichen in der Literatur!

Nach dem Unterricht:

Tim, wie läuft's eigentlich in der Fußballmannschaft?

Super!

Auf welcher Position spielst du denn?

Der Trainer sagt, ich bin einer der wichtigsten Ersatzspieler!

Ich habe gerade das Buch *Das Leben von Martin Luther* gelesen.

Sehr interessant! Kannst du es für die Klasse zusammenfassen?

Luther stirbt am Ende.

Christoph zieht sich so unmöglich an, dass das Einzige, was zueinanderpasst, seine Gürtelgröße und sein IQ sind.

Ich glaube, du hast deine Schuhe an den falschen Füßen an!

Nein, das stimmt schon so – das sind die einzigen Füße, die ich habe!

Ein Schüler zum anderen:

Wenn ich mal sterbe, gebe ich mein Gehirn der Wissenschaft.

Das ist gut, jedes noch so kleine Stück kann helfen!

Stimmt es, dass man tot ist, wenn das Gehirn nicht mehr arbeitet?

Du lebst doch noch!

Was meint ihr eigentlich, mit wem ich hier rede?

Mit Ihnen selbst.

Sportlehrer zu den Schülern:
Hat einer von euch meine Brille gesehen?

Ja. Sie liegt auf dem Spielfeld.

Warum hast du sie denn dann nicht mitgenommen?

Ich dachte nicht, dass Sie sie noch brauchen, nachdem ich draufgetreten bin.

Im Sportunterricht:
Du bist doch wirklich bei allem die Letzte!

Das stimmt nicht – auf dem Weg nach Hause bin ich immer die Erste!

Wie viel Schlaf braucht der Mensch im Schnitt?

Fünf Stunden in der Schule und vier in der Nacht.

Inwiefern haben Edisons Entdeckungen auf dem Gebiet der Elektrizität die Gesellschaft beeinflusst?

Wenn er nicht gewesen wäre, müssten wir wahrscheinlich heute noch bei Kerzenlicht fernsehen.

Wollt ihr die Fabel vom Lamm
und vom Wolf hören?

Nein! Bitte nicht! Die ist bestimmt
genauso langweilig wie die vom
Adler und von der Krähe!

Anna, was ist ein Vakuum?

Das, was ich gerade in meinem Kopf habe!

Mit welcher Geschwindigkeit bewegt sich Licht?

Das kann man nicht genau
sagen. Auf alle Fälle ist es
morgens immer zu früh da!

Zu welcher Gruppe gehört der Löwe?

Keine Ahnung, ich hab hier noch nie jemanden mit ihm herumlaufen sehen.

Welches Buch, das du kennst, hat die meisten Charaktere?

Das Telefonbuch!

Mira, warum machst du beim Hochsprung nie mit?

Ich hab Höhenangst!

Aha, und warum spielst du dann auch nie bei den Ballsportarten mit?

Weil ich eine Ballphobie habe!

Also, Lisa, ich muss sagen, dein Aufsatz war der schlechteste, den ich seit Langem gelesen habe! Er hat keinen Aufbau, keine eigentliche Handlung und die Grammatik kann man als solche nicht bezeichnen! Ich werde deine Eltern benachrichtigen müssen!

Ja, das ist gut so! Die haben den Mist ja schließlich auch geschrieben!

Was bedeutet der Begriff „Treue“ in Zusammenhang mit unserem Roman hier?

Super, dass Sie das fragen! Genau dasselbe wollte ich auch wissen!

Martin, nenne mir den Satz des Pythagoras!

Ich würde diese Frage gerne zurückstellen oder meinen Telefonjoker kontaktieren.

Teresa, buchstabiere das Wort „Fulda".

Den Fluss oder die Stadt?

Lorenz, wie buchstabierst du „Attentat"?

Jeden Tag anders!

Was versteht man unter einer Autobiografie?

Das Scheckheft eines Autos.

Was sagt das Hooke'sche Gesetz aus?

Peter Pan wird sterben!

Welche physikalischen Kräfte bringen ein Auto zum Stillstand?

Bei meiner Mutter die Bremse, bei meinem Vater ein Beamter.

Wozu dient uns die Erdanziehungskraft?

Es ist viel einfacher, etwas, das heruntergefallen ist, vom Boden aufzuheben, als es von der Decke zu holen.

Zu welcher Gattung gehört die Fledermaus?

Zu den Mäusen mit Pilotenschein.

Mensch, Ingo, warum bist du eigentlich im Weitsprung so dermaßen schlecht?

Weil ich kurzsichtig bin!

Vater zum Sohn:
Und, hast du deine Chemiestunde gestern überstanden?

Ja, mit einem großen Knall!

Hier kann sich ja kein Mensch konzentrieren!

Es gibt gute Pillen gegen ADHS!

Was würde passieren, wenn die Sonne ein Jahr lang nicht mehr untergehen würde?

Wir hätten ein Lichtjahr erlebt!

Max, warum fällst du eigentlich immer wieder mit deinem Stuhl um?

Weil ich Ihnen die Gesetze der Schwerkraft zeigen will.

Ich wollte doch, dass du „Schmetterling" buchstabierst.

Das mache ich morgen, heute ist er noch eine Raupe!

Nils, buchstabiere bitte das Wort „Schifffahrt".

Wozu? Sie wissen doch selbst, dass ich eine Fünf in Deutsch habe!

Wie nennt man zwei Graphen, die parallel zueinander verlaufen?

Stereo.

Nach der Klassenarbeit:

Und? Wie waren die Fragen?

Die waren o.k. Ich glaube, das größere Problem werden die Antworten.

Mutter zur Tochter:
Und, wie war die Matheschulaufgabe?

Ich hab nur eine Frage
falsch beantwortet!

Das ist ja toll! Wie viele Fragen waren es denn?

Zehn.

Nur eine von zehn falsch, das wird ja
vielleicht eine Eins! Und das in Mathe!

Nein, die anderen neun habe
ich gar nicht beantwortet.

Ich denke, meine Note für diese
Prüfung wird eher schlecht sein.

Woher willst du das wissen?

Meine Banknachbarin war krank!

Warum lieferst du eigentlich immer so schlechte Arbeiten ab?

Weil Sie immer die falschen Fragen stellen!

Während der Klassenarbeit:
Lars, ich hab doch gesagt, ihr sollt nicht während der Prüfung in euren Taschen rumkramen! Sonst muss ich davon ausgehen, dass ihr abschreibt!

Nein, Herr Becker, alles gut, ich hole nur ein Taschentuch – mein Spicker ist doch unter der Bank!

Vater zum Sohn:
Und, hast du die Prüfung bestanden?

Nein, aber ich war der Beste von allen, die durchgefallen sind!

Ihr habt für jede Frage ca. 15 Minuten Zeit!

Und wenn ich vorher fertig bin, kann ich dann abgeben und nach draußen gehen?

Wenn du alles so schnell beantworten kannst, gerne!

Kann ich nicht, aber ich denke, es macht auch keinen Sinn, die nächsten 45 Minuten ein leeres Blatt anzustarren!

Simone, warum hast du bei deiner Hausaufgabe ein leeres Blatt abgegeben und geschrieben, ich solle bei Anne nachlesen?

Das war nur, weil Anne sich beschwert hat, dass sie nicht immer alles doppelt schreiben will!

Geschichte, nach der Klausur:
Du konntest keine der Fragen beantworten – das kann doch nicht sein!

Woher soll ich wissen, was passiert ist, bevor ich auf der Welt war?

Warum sind deine Noten nur so schlecht?

Weil ich zu welt weg von der Tafel bin!

Tobi, ist es nicht ein bisschen verwunderlich, dass du immer exakt die gleichen Antworten wie Markus hast?

Ja, das finden wir auch! Aber wir hatten schon immer eine erstaunliche geistige Verbindung!

Also, Laura, weißt du, was ich wirklich nicht verstehen kann? Du hattest bis jetzt in jedem Test eine Zwei. Und auf einmal nur noch Sechser! Was ist denn passiert?

Naja, Bettina ist doch weggezogen!

Was habt ihr vor, wenn ihr euer Abitur in der Tasche habt?

In Rente gehen.

Mutter zur Tochter:
Also, ich hoffe ja sehr, dass du dieses Mal eine gute Figur in Physik gemacht hast!

Definitiv! Ich hatte meinen tollen kurzen Rock und das bauchfreie Top an!

Schreibt einen kurzen Aufsatz über die größten Literaten der Romantik!

„Sie sind berühmt und tot."

Wo wurde Mozart geboren?

An seinem Geburtsort!

Warum stehen eine Eins und eine Sechs auf meiner Hausaufgabe?

Die Eins ist für deine Mutter,
die Sechs ist für dich!

Meine Güte, Julian, wie hast du es nur geschafft, wirklich alles falsch zu beantworten?

Einfach geraten!

Wie lautet der Mädchenname von Angela Merkel?

Angelina Merkel?

Wann starb Vincent van Gogh?

Echt? Och je, der Arme! Ist der schon tot?

Hauswirtschaftsunterricht:

Alena, wie lange kocht man Spargel?

Wie immer!

Kurz vor Weihnachten fragt die Mutter ihren Sohn:

Sag mal, warum werden deine Noten eigentlich zurzeit immer schlechter?

Im Moment widme ich mich ganz der Besinnung.

Schüler zum Lehrer:

Ich finde es ja wirklich schade, dass Sie es nicht in die sechste Klasse schaffen, ich hätte Sie gerne wieder gehabt!

Ich verstehe nicht, wie die Lehrer herausfinden wollen, was wir wissen, wenn sie uns ständig Fragen stellen, die wir nicht beantworten können!

Das Einzige, was in deiner Prüfung richtig ist, ist dein Name!

Vor der Klausur:

Multiple-Choice sind die schlimmsten Prüfungen! Wie soll man sich zwischen den ganzen Antworten entscheiden wenn man nicht mal eine einzige kennt!

Rolf, wo warst du die letzten Wochen? Wir stehen kurz vor dem Abitur!

Ich hab nur gemacht, was Sie gesagt haben!

Ich habe bestimmt nicht gesagt, dass ihr kurz vor dem Abi schwänzen sollt!

Nein, aber Sie haben gesagt, dass wir einen Weg finden sollen, uns zu beruhigen. Also bin ich in den Urlaub gefahren.

Zwei Schüler nach den Abiturprüfungen:

Und, hat es was geholfen, dir in der mündlichen Prüfung die Lehrer alle in Unterhosen vorzustellen?

Nein, ganz im Gegenteil – ich war dieses Mal nicht nur aufgeregt, sondern mir war auch noch dazu kotzübel!

Bevor ich diese Klausur schreibe, werde ich lieber Hartz-IV-Empfänger!

Ach cool, ich wusste gar nicht, dass wir wählen können!

Wann wurde Albert Einstein zu Grabe getragen?

Das war ganz kurz nach seinem Tod.

Paul, warum hast du die Fragen vier bis acht denn nicht beantwortet?

Die standen nicht auf meinem Spicker!

Marina, warum hast du deine Hausaufgaben wieder nicht gemacht?

Ich wollte die anderen nicht blamieren.

Eine Schülerin kommt wiederholt zu spät zum Unterricht.

Du weißt aber schon, dass die Schule um acht Uhr beginnt?

Echt? Wie krass!

Meine Güte, überlege dir wenigstens
pfiffige Ausreden, wenn du schon
immer zu spät kommst!

*O.k., aber dann brauch ich ein
bisschen länger als 15 Minuten!*

Ich möchte ein Attest von deinem
Arzt für deine Fehlzeiten!

*Gut, dann geh ich gleich mal los – das
könnte aber etwas länger dauern!*

Jetzt hast du durch dein ständiges Fehlen
den kompletten 2. Weltkrieg verpasst!

Was könnt ihr mir über das Tote Meer berichten?

Über tote Meere spricht man nicht!

Meine Lehrerin war heute echt sauer, weil ich wieder nicht wusste, wo die Alpen sind.

Pass halt auch mal auf dein Zeug auf!

Früher mussten die Schüler noch viel früher aufstehen, um den weiten Weg in die Schule zu laufen.

Warum sind die denn nicht einfach mit dem Bus gefahren?

Flo, kennst du die letzten drei Bundespräsidenten?

Nö, hat mir noch keiner vorgestellt.

Im Geschichtsunterricht, zwei Schüler flüsternd:

Ich hätte wirklich lieber
im Mittelalter gelebt!

Echt? Warum das denn?

Dann müsste ich den ganzen
Schrott hier nicht lernen!

Wie schlafen die Eskimos in ihren Iglus?

Mit geschlossenen Augen!

Was wurde Caesar mit 19 Jahren?

Ein Jahr älter als mit 18!

Warum benötigten die ersten Siedler so lange Zeit, bis sie die ersten Lager errichtet hatten?

Weil sie zu lange auf die Umzugsunternehmen gewartet haben.

Warum wurde Johann Strauß auf dem Zentralfriedhof in Wien begraben?

Weil er tot war.

Woher kommt der Ausspruch, dass sich die Geschichte selbst wiederholt?

Von Ihnen!

Was machte Napoleon während
seiner Zeit im Exil?

Er pfiff vor sich hin.

Was schlug Caesar Cleopatra vor?

„Schätzchen, heute nischt. Isch hab Rücken. Morgen wieder."

Anna, wenn du acht mit 43 multiplizierst
und dann zwölf subtrahierst, was hast du?

Mit Sicherheit ein falsches Ergebnis!

Also, mittlerweile komm ich ja mit der 0 in Mathe zurecht. Aber die ganzen anderen Zahlen sind echt verwirrend!

Papa, hilf mir mal bei den Hausaufgaben! Wir müssen herausfinden, was x ist!

Wahnsinn, haben die das immer noch nicht rausgefunden?

Haben deine Eltern diese Hausaufgaben gemacht?

Oh nein, sagen Sie nicht, dass die schon wieder alles falsch gemacht haben!

Das kann doch nicht sein! Diese Aufgabe kann ein Achtjähriger lösen!

Dann ist ja klar, wo das Problem liegt – ich bin doch schon 13!

Stell dir vor, du findest 30 Euro in der einen Tasche deiner Jacke und noch mal 50 Euro in der anderen. Was ergibt das?

Die Frage, wem die Jacke wirklich gehört.

Wie kommst du auf das Ergebnis, wenn du die Quersumme von verschiedenen Zahlen bilden sollst?

Ich frag meinen Nachbarn oder den Taschenrechner.

Warum tragen Boxer Handschuhe?

Sie erhöhen die Wahrscheinlichkeit eines Treffers durch die vergrößerte Oberfläche.

Also, Lukas, was ist denn jetzt das Ergebnis der Aufgabe?

Ich würde das Ganze mit der Wahrscheinlichkeitsrechnung lösen: Es liegt im Bereich einer Wahrscheinlichkeit von 1 zu 100, dass das Ergebnis 58 lautet.

Wenn ihr nur mal so viel Energie in euren normalen Unterricht stecken würdet wie in die Sportstunde!

Kein Problem, wo sind die Bälle?

Mutter zum Sohn:
Ich verstehe nicht, warum die euch schon in der 5. Klasse solche harten Sportarten machen lassen! Ihr werdet euch noch umbringen!

Nein, das spielen sie erst ab der Achten!

Wenn du fünf Bananen hast und noch zwei Orangen dazugibst, wie viel Obst hast du dann insgesamt?

Das kann ich nicht! Letztes Jahr haben wir nur mit Äpfeln und Birnen gerechnet.

Mutter zur Tochter:
Sarah, gerade hat die Mutter von Isabella angerufen – sie ist heute nicht nach Hause gekommen! Weißt du, wo sie ist?

Keine Ahnung, wir haben in der Pause Verstecken gespielt, und keiner hat sie gefunden.

Wie viel macht der Unterschied zwischen 123 und 150 aus?

Gar nichts.

Was heißt denn gar nichts?

Es ist doch völlig egal, ob da 123 oder 150 steht!

Toni, was soll das? Warum gibst du für jede Rechenaufgabe drei Lösungen ab?

Ich habe jede dreimal nachgerechnet und kam immer auf ein anderes Ergebnis. Deshalb gebe ich sie Ihnen alle, dann können Sie sich das Beste aussuchen.

Bist du gut in Physik?

Ja und nein.

Was soll das heißen?

Ja, ich bin nicht gut in Physik.

Vater zum Sohn:
Na, wenigstens hast du in Latein
nicht auch noch eine Fünf!

Ich hab gar kein Latein.

Louisa, kannst du bis zehn zählen?

Ja! Eins, zwei, drei, vier, fünf,
sechs, sieben, acht, neun, zehn!

Sehr gut! Und weiter?

Bube, Dame, König, Ass.

Haben dir deine Eltern bei der
Hausaufgabe geholfen?

Nein. Ich hab alles selber falsch gemacht!

Wenn zwei plus zwei vier ist und drei plus drei sechs, was ergibt dann vier plus vier?

Sie sind wirklich gemein! Die einfachen Aufgaben machen Sie selbst und die schweren sollen wir dann rechnen!

O. k., ich stelle euch jetzt Fragen und ihr gebt immer die Antwort, so schnell ihr könnt. Wann endete der Zweite Weltkrieg?

So schnell ihr könnt.

Und denkt daran, Kinder: Ihr könnt nicht Äpfel und Birnen in einen Topf werfen!

Doch! Das geht schon! Meine Mutter nennt das Bowle!

Wie teilst du vier Birnen für fünf Personen auf?

Ich sage, dass ich dazu ein Messer brauche, und der, der dumm genug ist, eines zu holen, bekommt keine Birne!

X ist die Unbekannte. Wenn man also sagt: x plus 10 ist gleich 20 und x minus fünf ist gleich fünf – was ist dann x?

Immer noch die Unbekannte.

Kannst du eigentlich ohne Fehler bis 20 zählen?

Einen Versuch wär's wert!

Heute geht es ums Prozentrechnen: Wenn du von 15 Fragen alle 15 richtig beantwortest, was hast du dann?

Eine Einladung zum Elterngespräch wegen Spickens!

Wenn du zwei Drittel einer Torte aufisst, was bleibt dann übrig?

Eine wütende Mutter!

Wie nennt man den Bereich in der Mathematik, in dem Figuren und Formen bildhaft dargestellt werden können?

Malen nach Zahlen!

Zwei Züge fahren aufeinander zu. Der eine mit 40 km/h, der andere mit 60km/h. Wann treffen sie aufeinander?

Früher, als ihnen lieb ist!

Ein Schüler zum anderen:
Diese Melodie ist mir den ganzen Tag durch den Kopf gegangen.

Klar, da ist ja auch nix im Weg!

Ein Schüler im Musikunterricht, nachdem er auf dem Klavier vorgespielt hat:
Und ich hatte noch nie in meinem Leben eine Klavierstunde! Das kann ich beweisen!

Das hast du gerade! Vielen Dank!

Unser Schulorchester hat gestern Beethoven gespielt!

Echt? Und wer hat gewonnen?

Du bist der geborene Musiker! Deine Stimme ist voll und dein Kopf ist leer.

Ich gehe sehr gern zur Schule und ich gehe auch genauso gern wieder nach Hause. Das Problem ist immer die Zeit dazwischen!

Versuchst du, mich hier lächerlich zu machen?

Nein, nein ... das machen Sie
schon ganz prima selbst.

Von wem hast du das blaue Auge?

Von niemandem! Das gehört mir!

Lehrer trennt zwei Raufbolde auf dem Schulhof:
Hört auf, euch zu prügeln! Ihr
müsst lernen, dass das Leben aus
Geben und Nehmen besteht!

Das machen wir ja. Er hat mein
Brot genommen und ich hab ihm
dafür eine Ohrfeige gegeben!

Mama, ich darf nicht mehr am Chemieunterricht teilnehmen!

Warum denn das?

Ich hab was explodieren lassen.

Was denn?

Das Klassenzimmer.

Wer von euch ist verantwortlich dafür, dass der Stein die Scheibe zerschlagen hat?

Jonas! Er hat sich einfach geduckt, als ich den Stein geworfen hab!

Wozu haben Elefanten einen Rüssel?

Weil sie mit Händen ziemlich dämlich aussehen würden.

Warum lachen Sie denn jetzt so, Herr Braun?

Weil ich tatsächlich eine Antwort erwartet habe!

Wie kannst du nur herumlaufen und jedem erzählen, ich wäre ein Idiot?

Entschuldigung! Ich wusste nicht, dass das ein Geheimnis ist!

Was, denkst du, wirst du später mal werden?

Bibliothekar!

Ein schöner Beruf, wie kommst du darauf?

Ich hab bis jetzt alle Bücher
aus der Bibliothek behalten!

Im Biologieunterricht:

Wie geht das denn dann beim Sex? Der muss ja dann irgendwie um die Kurve?

Ja, da muss er dann wohl durch!

Sebastian! Mythen sind ...?

Männliche Motten!

Ist die Klausur schwer?

Nein, nur ca. 4 Gramm.

Was macht ein Archäologe?

Er buddelt sein Leben lang im Sand
und ruiniert seine Karriere.

Ich habe keine Lust, ständig gegen euren
Lärmpegel anreden zu müssen!

Dann lassen sie es doch am besten
einfach sein!

Woher kommen Hamster ursprünglich?

Aus Hamsterdam.

Woher kommt die rötliche
Farbe der Goldfische?

Sie werden mit der Zeit im Wasser rostig.

Warum haben die Höhlenmenschen
damals Zeichnungen von Mammuts
und Büffeln angefertigt?

Weil sie schlecht in der
Rechtschreibung waren.

Zu welcher Art Tiere gehören die Schnecken?

Zu Schlangen mit Eigenheim.

In welchen Situationen des Alltags kann man Spannungsblitze beobachten?

Wenn sich Kim und Tobi gegenüberstehen!

Wenn zwei ein Paar sind und drei eine Gruppe – was sind dann vier und fünf?

Neun!

Nach einem Wandertag fragt der Vater seine Tochter:

Und? Was war das Schönste an eurem Ausflug heute?

Die Rückfahrt.

Welche Vögel sind die stärksten und kräftigsten?

Die Krane.

Was versteht man unter einem posthum erschienenen Werk?

Ein Werk, das jemand nach seinem Tod geschrieben hat.

Ein Schüler kommt vom Skilager in den Bergen zurück. Seine Mutter:

Erzähl mal, wie ist es in den Alpen?

Kann ich nicht genau sagen, da waren so viele Berge im Weg!

Nach dem Erdkundeunterricht:

Sag mal, hast du das mit den Zeitzonen verstanden? Ich nicht ... Warum ist zum Beispiel Amerika England gegenüber einige Stunden zurück?

Das ist doch super easy! Weil England vor Amerika entdeckt wurde!

Ein Vulkan ist ein Berg mit Schluckauf und Sodbrennen.

Was ist der schlimmste Ort, an den du dir vorstellen kannst, reisen zu müssen?

Das Zimmer vom Rektor!

Bei einem Ausflug mit Bootsfahrt:

Was ruft ihr, wenn einer von euch ins Wasser fällt?

Mann über Bord!

Sehr gut! Und was macht ihr, wenn einer von uns Lehrern über Bord geht?

Das kommt darauf an, wer es ist ...

Fragebogen für die Abizeitung:

„Hast du einen Freund?"

„Ja."

„Wie lange seid ihr schon zusammen?"

„Nein."

Warum hat Robin Hood der Legende nach das Geld der Reichen gestohlen?

Weil die Armen nichts hatten, was man hätte stehlen können.

Am ersten Morgen des Zeltlagers:
Und, waren eure Zelte alle dicht?

Ja! Außer als es geregnet hat.

Iiih, da ist eine tote Fliege in meinem Pausenbrot!

Die ist bestimmt gestorben, *nachdem* sie das Ding probiert hat!

Johanna! Das versteh ich nicht. Vor der Pause warst du nicht da und jetzt fehlt Lisa?

Ja, wir wechseln uns ab!

Nach dem gemeinsamen Gottesdienstbesuch der Klasse:

Ich hoffe, ihr habt euch alle gut benommen!

Haben wir! Am Ende kam sogar ein Mann vorbei und hat mir eine Schale mit Geld angeboten und ich habe dankend abgelehnt!

Kristina, was ist ein Skelett?

Knochen ohne die Person.

In der Mensa:

Es gibt nichts Schlimmeres, als einen Wurm im Essen zu finden!

Doch! Einen halben Wurm zu finden!

Der Lehrer verteilt die Referatsthemen.
Ein Schüler schreit auf:

Oh nein! Ich hab Schopenhauer! Oder ist das gut?

Schüler zum Hausmeister:

Ich dachte, wir haben bei dem Schulessen die Wahl. Dabei gibt es nur Bratwürste und Kartoffelsalat!

Das ist die Wahl: Nimm es oder lass es!

Ja, damals war ich noch jung und naiv.

Und heute sind Sie alt und naiv!

Und, Martin, hast du deine Brockhaus-Enzyklopädie noch?

Ja!

Andere Schülerin:
Oh, die hab ich auch!!!

Ja, aber Martin liest auch ab und zu darin.

Am Pausenverkauf, Schüler zum Hausmeister:
Können Sie mir bitte sagen, was das auf dem Brot sein soll? Nur damit ich später den Ärzten auch erklären kann, was es war.

Nach der Beendigung der Lektüre von Anne Frank:

Lebt Anne Frank eigentlich noch?

Heut haben sie mich in der Cafeteria gefragt, ob ich einen oder zwei Klumpen Soße haben will.

Ich bin mir sicher, wenn sie versuchen, die Soße umzurühren, dreht sich die ganze Cafeteria!

Rolf ... ähhh, Ralf, ähhh ... warum setzt ihr euch eigentlich ständig um?

Wir sitzen immer gleich und haben weder einen Rolf noch einen Ralf in der Klasse!

Ich weiß jetzt das Rezept von dem Eintopf in unserer Mensa! Es beginnt mit: »Man nehme die Reste von letzter Woche ...«

Schreibt einfach drunter: „Siehe Buch."

Welches Buch? Dazu gibt es keine Aufzeichnungen!

Ja, irgendeines wirst du schon finden!

Ein Schüler will unbedingt fünf Minuten vor der Pause auf die Toilette. Beim Klingeln zur Pause kommt er zurück.

Damit hättest du jetzt nicht bis zur Pause warten können?

Nein. Und wenn Sie dabei gewesen wären, würden Sie mir das glauben!

Ein Schüler zum anderen:

Was war denn am Mittwoch das Special im Pausenverkauf?

Frikadellen!

Und? Wie haben die geschmeckt?

So als wären sie das Special vom Dienstag gewesen!

Gib's zu – du dachtest jetzt, der Herr Hofmann spinnt doch!

Nein!

Gib es zu!

Ja.

O. k., null Punkte!

Nur weil ihr beiden ständig fehlt, muss ich jetzt eine komplett neue Schulaufgabe aufsetzen!

Das macht nix, Sie haben ja eh nichts zu tun!

Warum hat eigentlich keiner von euch bei der Berufswahl Lehrer angegeben?

Wir sind ja nicht bescheuert!

Haben Sie mich gerade beleidigt?

Das ist einer der wenigen Momente, in denen du die Intention richtig erfasst hast!

Nennt mir ein Beispiel für eine ätzende Säure!

Die Soße beim Schulessen!

Zum Hausmeister:

Können Sie mir sagen, mit welcher Wurst die Brote heute im Pausenverkauf belegt sind?

Besser nicht!

Wohin sollen wir denn zur Abschlussfeier gehen?

Wir könnten doch ins *Sausalitos* gehen!

O. k. Wo ist das?

An der Straße!

Vater zum Sohn:
Du hast eine blutige Nase! Hast du dich schon wieder geprügelt?

Nein, ich hab mich nicht geprügelt, aber der, der mir auf die Nase gehauen hat, bestimmt!

Aha, und wer hat den Kampf begonnen?

Er! Er hat sofort zurückgeschlagen, als ich ihn geboxt hab!

Mein Bild von dir wird immer schlechter!

Das liegt an Ihren Augen!

I would like to have a machine, which puts the dirty dishes into the dishwasher and afterwards back into the cupboard when they are clean.

This fantastic robot is called wife!

No – it's called Mum!

Niemand will mich in seinem Team haben! Als gestern die Leute gewählt wurden, kam sogar Bettina Schmid vor mir dran!

Und? Was ist daran so schlimm?

Sie ist vor zwei Jahren weggezogen!

Schüler zum Sportlehrer:
Ich kann nicht mitmachen.

Warum?

Ich habe eine Leistungszerrung!

Was machst du denn schon wieder für ein Gesicht? Was würdest du denn sagen, wenn ich mit einem Gesicht wie deinem in den Unterricht kommen würde?

Nichts. Ich wäre so höflich, es nicht zu erwähnen.

Wie nennt man die Frau des Sultans?

Sultanine!

Es gibt ja durchaus gewisse Parallelen zwischen George W. Bush und Gaius J. Caesar. Nicht nur der Aufbau der Namen ist sehr ähnlich, sondern auch das Verhalten: Beide suchten nach einem Kriegsgrund, und wenn sie keinen gefunden hatten, haben sie sich einen ausgedacht.

Schülerin sitzt über den Hausaufgaben. Die Mutter:

Was liest du da?

Keine Ahnung!

Aber du liest es doch laut vor?!

Ja, aber ich hör nicht zu.

Lehrer zu einem Schüler, der sich ständig meldet:

Sag mal, was ist denn los mit dir? Warum willst du ständig alle Fragen beantworten? Wirst du von den anderen dafür bedroht oder bezahlt?

Bezahlt.

Ach so, okay, dann legen wir mal los. Du sollst ja schließlich was tun für dein Geld!

Michael, schön zu sehen, dass sich deine Handschrift verbessert hat!

Danke!

Nur leider kann ich jetzt deine ganzen Fehler sehen!

Das nervt! Herr Koch meinte, dass er alles, was ich mache, nicht mag!

Und was machst du hauptsächlich?

Unfug und Fehler!

Lehrer schmeißt einen Schüler aus dem Klassenzimmer.

Grenzen Sie mich nicht immer von den anderen aus! Hitler wurde auch immer ausgegrenzt!

Wer kann mir sagen, wie viele Fliegen noch da sind, wenn ich von sieben Stück eine mit der Zeitung erwische?

Eine. Die, die an der Zeitung klebt.

Wenn du doch nur dem Unterricht ein bisschen mehr Aufmerksamkeit schenken würdest!

Ich verschenke nichts!

Was hast du dazu zu sagen, dass ich dich jetzt das fünfte Mal in dieser Woche aus dem Klassenzimmer werfe?!!

Endlich Freitag!

Hast du nicht gehört, dass ich mit dir spreche?

Doch! Aber Sie haben gesagt, ich soll keine dumme Antwort geben!

Warum kannst du eigentlich nie die
Fragen richtig beantworten?

Wenn ich sie richtig beantworten könnte, müsste ich ja nicht mehr hier sein!

Matheunterricht:

Also, $1/2 \times a \times \gamma$ ist der Kongruenzsatz eines Dreiecks.

Das versteh ich jetzt nicht so ganz...

O.k. Gaaanz langsam. $1/2$ ist klar, oder?

Was ist der Plural von Baby?

Zwillinge!

Warum kommst du zu spät zum Unterricht?

Ich habe eine Prügelei vor
der Schule beendet!

Oh, das ist lobenswert! Wie
hast du das gemacht?

Ich hab sie beide umgehauen!

Vincent, warum bist du nie
in meiner Stunde da?

Weil Sie gesagt haben, ich soll
es ja nicht wagen, noch einmal
zu spät zu kommen!

Ich werde euch nun etwas von Eseln erzählen. Also passt gut auf und schaut mich an, sonst werdet ihr nie etwas über sie erfahren!

Du bist wieder zu spät! Was war es dieses Mal?

Entschuldigung, aber ich hatte einen Fußballtraum!

Das ist keine Entschuldigung!

Doch! Es gab Verlängerung!

Lehrer zu einer lauten Klasse:

Das gibt es doch nicht. Jedes Mal, wenn ich den Mund aufmache, redet hier ein Idiot!

Heute zeige ich euch die Alpen.

Oh, schaffen wir es bis Mittag zurück?

Wie ist das Klima in Süditalien?

Sehr kalt!

Falsch. Wie kommst du darauf?

Zumindest sind die Kräuter, die meine Mutter von dort kauft, immer gefroren!

Ich bekomme mein Gehalt ja auch nur jeden Monat und nicht jede Woche …

Krass – wo arbeiten Sie denn?

Die fleißige Biene ist ein Beispiel für einen emsigen Arbeiter. Sie arbeitet von früh bis spät ... und was kommt am Schluss dabei raus?

Sie wird gefressen oder erschlagen.

Mutter zum Sohn nach dem ersten Schultag:
Und, wie war es in der Schule?

Ganz o.k., bis auf den Mann, der uns ständig beim Spielen unterbrochen hat.

Mutter zur Tochter:
Erklär mir das mal bitte! Deine Lehrerin meinte in der Sprechstunde, dass es absolut unmöglich sei, dir was beizubringen!

Ich hab dir doch gleich gesagt, dass sie unfähig ist!

Wenn ein Stück Brot vier Euro kostet, wie viel bekommst du dann für zwölf Euro?

Keines.

Warum?

Mit zwölf Euro geh ich zu *McDonald's* und esse ein Menü!

Ich hab kein Lineal dabei.

Ich habE kein Lineal dabei, du haST kein Lineal dabei, er haT kein Lineal dabei!

Wahnsinn – ob die jemand klaut?

Wer hat die Scheibe von unserem
Klassenzimmer zerschlagen?

Der Stein war's!

Wo halten Bären ihren Winterschlaf? Tom?!

(entsetzt)

Meinen Sie mich??

Nein, sorry – mein Fehler ...

Bei der Hausaufgabenbetreuung:

Seid leise, die anderen können nicht lesen!

**Echt? Krass! In der deren Alter
konnte ich das aber schon lang!**

Die Flächen welcher Vierecke haben wir schon berechnet?
Des Dreiecks!

Warum lachst du?

Ich hab gerade an was gedacht.

Ich sag es dir jetzt das letzte Mal: In der Unterrichtszeit wird nichts gedacht!

Benni, buchstabiere Elefant ...

E-l-e-f-a-n

Ja, und was kommt zum Schluss?

Der Schwanz.

Mutter zum Sohn:
Und wie ist der neue Lehrer so?

Ich würde sagen, „hart, aber unfair" trifft's ganz gut.

Deine Arbeit beinhaltet aber ein paar merkwürdige Zeichen!

So geht mir das mit Ihren Korrekturen auch immer!

Lehrer zur Mutter in der Sprechstunde:

Nun ja, eines kann ich ganz sicher über Marius sagen ...

Ja?

Bei den Noten steht fest, dass er nicht gespickt hat!

Anonyme Abstimmungen sind dazu da, dass man seine Meinung sagen kann, ohne dass man erkannt wird.

So ein Schwachsinn!

Wer war das?

Eine anonyme Stimme!

Sie können sich ja nicht mal unsere Namen merken – warum soll ich dann Ihre Fragen beantworten können?

Mein Mathelehrer hat mich heute zum dritten Mal dasselbe gefragt – ich glaub, beim nächsten Mal weiß ich's!

Der Herr Wieland ist immer so schlecht drauf, ich glaub, der hasst die Schule noch mehr als wir.

Ein Schüler zum anderen:

Wusstest du, dass der Herr Klein früher bei der Bundeswehr gearbeitet hat?

Aber die haben ihn rausgeschmissen, denen war er zu hart.

Die Frau Schröder hat heute glatt vergessen, uns zu benoten – das wird die beste Note des Schuljahres für mich!

Mathelehrer zum Schüler:
Mir gehen einfach die Ideen aus. Ich weiß nicht mehr, was ich mit dir machen soll!

Ja! Ganz genauso geht's mir bei Ihnen auch immer!

Jetzt hast du aber richtigen Ärger am Hals, mein Lieber!

Gott sei Dank! Meine Eltern wären echt sauer, wenn sie wegen falschem zur Sprechstunde kommen müssten!

Lehrer zum Vater:
Also, Herr Fischer, es tut mir ja wirklich leid, dass ich Sie ständig in die Sprechstunde bestellen muss ...

Ach, das macht nichts, jetzt weiß ich endlich mal, wie sich mein Vater immer gefühlt hat!

Was machst du eigentlich
überhaupt in der Schule?

Ich denke darüber nach, was ich
am Nachmittag unternehme!

Ich schicke jetzt einen Brief an deine Eltern!

Mein Bewährungshelfer ist aber
weitaus kompetenter!

Jedes Mal, wenn ich mich umdrehe, machst
du irgendwas, was du nicht tun solltest!
Was können wir dagegen unternehmen?

Am besten, Sie drehen sich
einfach nicht mehr um!

Du bist wirklich der Schlimmste
von der ganzen Klasse!

Mensch, toll! Ich hätte nie gedacht, dass
ich hier mal in irgendwas der Beste bin!

Du wirst jetzt mal eine Strafaufgabe
bekommen, die du so schnell
nicht vergessen wirst!

Dann hätte ich mir wenigstens irgendwas
aus Ihrem Unterricht gemerkt!